中等职业教育技能型人才培养“十三五”规划图书系列

U0873431

铁路乘务员
实用教程

Tielu Chengwuyuan
Shiyong Jiaocheng

主　编／龚　波
副主编／黄　玉　明中华

西南交通大学出版社
·成　都·

内容简介

《铁路乘务员实用教程》是指导铁路客运服务主要工作人员在工作期间向乘客提供优质专业服务，确保旅客安全抵达目的地的专业教材。

本书根据最新版的《铁路旅客运输规程》和列车乘务员国家职业标准与作业标准，以列车乘务员岗位“工作过程为导向”进行编写。本书学习内容主要包括：客运基础知识、基础作业流程、安全基础知识、路风监察、安全路风关键点五大项目。

本书在大量调研的基础上，每个项目和任务突出对列车乘务员工作岗位中的典型任务的设计，能够为学生理论与实际相结合地学习专业技能提供很大的帮助，是中职学校城市轨道交通管理专业学生必备的参考教材，对相关职业学校的师生有重要的参考意义。

图书在版编目（CIP）数据

铁路乘务员实用教程 / 龚波主编. —成都：西南交通大学出版社，2018.8（2023.2 重印）

中等职业教育技能型人才培养“十三五”规划图书系列. 轨道交通

ISBN 978-7-5643-6371-0

Ⅰ. ①铁… Ⅱ. ①龚… Ⅲ. ①铁路运输－乘务人员－中等专业学校－教材 Ⅳ. ①F530.9

中国版本图书馆 CIP 数据核字（2018）第 195573 号

中等职业教育技能型人才培养“十三五”规划图书系列——轨道交通

铁路乘务员实用教程

主　编 / 龚　波

责任编辑 / 姜锡伟
助理编辑 / 宋浩田
封面设计 / 墨创文化

西南交通大学出版社出版发行
（四川省成都市金牛区二环路北一段 111 号西南交通大学创新大厦 21 楼　610031）
发行部电话：028-87600564　　028-87600533
网址：http://www.xnjdcbs.com
印刷：四川森林印务有限责任公司

成品尺寸　185 mm×260 mm
印张　3.5　　字数　86 千
版次　2018 年 8 月第 1 版　　印次　2023 年 2 月第 3 次

书号　ISBN 978-7-5643-6371-0
定价　16.00 元

课件咨询电话：028-87600533
图书如有印装质量问题　本社负责退换
版权所有　盗版必究　举报电话：028-87600562

前　言

近年来，中等职业学校城市轨道交通运营与管理专业使用的教材种类很多，不少中职教材内容几乎是高职教材以及社会上各种培训教材的翻版，内容太过陈旧，缺乏对学生实践才做的资源，撰写教材的作者对中职生的特点、教学方法也不太熟悉。这样撰写出来的教材大部分将知识学习与专业技能训练完全剥离开来，学生在学习时并不知道学了有什么用，什么时候能用得上、如何用。而在训练专业技能时，有往往出现不知道要用到哪些知识。如何来解决实际问题。使用这一类的教材教学，教师难教、学生难学，达不到理想的教学效果。为了提高城市轨道交通运营与管理专业课的教学质量，使学生能够得到知识与技能的双向培养，充分发挥学生的动手能力，遵义市旅游学校组织了轨道交通管理系的全体教师编写了这套城市轨道交通运营与管理专业系列丛书。

该系列教材是遵义市旅游学校轨道交通管理系根据课堂教学经验和中职学生的实际情况，把知识学习和技能训练结合起来，并提供了丰富的实训教材，提出了具体要求，使学生能够在学了系统的理论知识后及时进行动手操作。

该系列教材包括《铁路客运员实用教材》《动车餐服员实用教材》《铁路乘务员实用教材》等，涵盖了从地铁到高铁的客运员、餐服员、乘务员的实际技能讲解及操作。

由于时间仓促，编写任务重，这套教材难免有不足之处，敬请各位读者批评指正，我们将不断修正。该书中的部分内容源于网络，在此表示感谢。

教材编写组编者

2016 年 9 月

目　录

项目一　客运基础知识

任务一　客运规章知识

在铁路运输中与旅客或托运人签有运输合同的铁路运输企业，其铁路车站、列车及与运营有关的人员在执行职务中的行为代表了承运人；而持有铁路有效乘车凭证的人和同行的免费乘车儿童，或根据铁路货物运输合同押运货物的人被视为旅客。二者之间相辅相成，在铁路客运运输过程中缺一不可。

（1）铁路旅客运输合同是明确承运人与旅客之间权利义务关系的协议。起运地承运人依据《铁路旅客运输规程》订立的旅客运输合同对所涉及的承运人具有同等约束力。

（2）铁路旅客运输合同的基本凭证是车票。

（3）其他凭证还有铁路乘车证和特种乘车证。

铁路旅客运输合同从售出车票时起成立，至按票面规定运输结束旅客出站时为合同履行完毕。旅客运输的运送期间按自检票进站起至到站出站时止计算。

任务二　铁路客运运输中常见票务知识

1. 客运记录

客运记录指在旅客或行李、包裹运输过程中因特殊情况，承运人与旅客、托运人、收货人之间需记载某种事项或车站与列车之间办理业务交接的文字凭证。

2. 异地直达票

异地直达票不仅在异地能按照始发站上车，还可以在中途列车经停站上车。

3. 站、车间发生纠纷时的处理原则

站、车间应协调、配合，发生问题应本着以站保车的原则积极处理。站、车发生纠纷，在责任、原则不明时，站、车双方均不得以任何理由阻碍开车，造成列车晚点。

4. 卧铺票的发售规定

旅客购买卧铺票时，卧铺票的到站、座别必须与客票的到站、座别相同，但对于持通票的旅客，卧铺票只发售到中转站。

5. 测量儿童身高的标准线的设置地点

在车站售票窗口、检票口、出站口及列车端门口都设有测量儿童身高的标准线。

6. 伤残军人和警察的证件名称以及减价票的发售规定

因伤致残的军人（简称伤残军人）证件名称为“中华人民共和国残疾军人证”，因公致残的人民警察证件名称为“中华人民共和国伤残人民警察证”。“中华人民共和国残疾军人证”和“中华人民共和国伤残人民警察证”由国家有关部门颁发，铁路运输企业有权对其进行核对。

伤残军人票可享受客票和附加票方面的优惠，伤残军人票票价按相应客票和附加票票价的 50%计算。享受优惠的伤残军人乘坐市郊、棚车时，仍按硬座半价计算，不再减价。

7. 学生票发售规定

在普通大专院校（含国家教育主管部门批准有学历教育资格的民办大学），军事院校，中、小学和中等专业学校、技工学校就读，没有工资收入的学生、研究生，家庭居住地和学校不在同一城市时，凭附有加盖院校公章的减价优待证的学生证（小学生凭书面证明），每年可购买家庭至院校（实习地点）之间四次单程的学生票。新生凭录取通知书、毕业生凭学校书面证明可买一次学生票。学生票限于使用普通旅客列车硬座和动车组列车二等座，使用普通旅客列车硬卧时应当补收票价差额。

8. 发售学生票时间及席别限制

（1）时间限制：发售学生票的时间为暑假自 6 月 1 日至 9 月 30 日，寒假自 12 月 1 日至 3 月 31 日。

（2）席别限制：学生票可享受硬座客票、加快票和空调票的优惠，学生票票价按相应客票和附加票票价的 50%计算。动车组列车只能享受二等座 75%票价的减价票。持学生票乘车的学生使用硬卧时，应另收全价硬卧票价。享受优惠的学生乘坐市郊、棚车时，仍按硬座半价计算，不再减价。

因特殊原因中途下车的直达票，经站车证实只能办理退票，不能办理有效期延长。

9. 列车验票规定

列车车门口验票由列车员负责，列车内的验票工作由列车长负责组织实施，由乘警、列车值班员等有关人员配合。验票原则上每 400 km 一次，运行全程不足 400 km 的列车应查验一次，特殊区段由列车长决定查验次数的增减。对于持用减价票和铁路签发的各种乘车证的旅客，验票时应核查减价凭证和规定的相应证件。

10. 旅客乘车的基本条件

旅客须按票面载明的日期、车次、席别乘车，并在票面规定有效期内到达到站。持通票的旅客中转换乘时，应当办理中转签证手续。

除发生特殊情况并已经列车长同意的外，持低票价席别车票的旅客不能在高票价席别的车厢停留。

11. 旅客要求越站乘车时以及中途站或列车发现误售、误购车票的处理办法

旅客在车票到站前要求越过到站继续乘车时，在有运输能力的情况下列车应予以办理，核收越站区间的票价和手续费。不足起码里程时，按起码里程计算。

在中途站、原票到站或列车内发现误售、误购，应补收票价时，换发代用票，补收票价差额；应退还票价时，站、车应编制客运记录交旅客，作为乘车至正当到站要求退还票价差额的凭证，并应以最方便的列车将旅客运送至正当到站，均不收取手续费或退票费。

12. 列车发现旅客误乘需返回时以及因误售、误购、误乘免费送回时的办理方法以及送回途中下车的处理办法

列车长应编制客运记录交前方停车站。车站应在车票背面注明“误乘”并加盖站名戳，指定最近列车免费返回。

因误售、误购或误乘需送回时，承运人应免费将旅客送回。在免费送回区间，旅客不得中途下车。如中途下车，对于往返乘车的免费区间，按往返所乘列车等级分别核收往返区间的票价，核收一次手续费。

13. 旅客在列车上丢失车票时以及旅客在列车上丢失车票另行补票后又找到原票时的处理办法

在列车上应自丢失站起（不能判明时从列车始发站起）补收票价，核收手续费。

旅客丢失车票另行补票后又找到原票时，列车长应编制客运记录，连同原票和后补车票一并交给旅客，作为旅客在到站出站前退还后补车票的依据。列车长与车站办理交接时，车站不得拒绝。

14. 铁路对不符合乘车条件旅客的处理原则

对不符合乘车条件的旅客、人员，站、车均应了解原因，区别不同情况予以处理。对有意不履行义务的，应补收票款并加收票款。对主动补票并经站、车同意上车的人员和儿童，只补收票价，核收手续费。

15. 无票或持用失效车票乘车时的处理办法

无票乘车时，补收自乘车站（不能判明时自始发站）起至到站止的车票票价，加收已乘区间应补票价的 50%的票款，核收手续费。持失效车票乘车的按无票处理。

京铁客（2014）502号规定：对于被发现的无票乘车人员（含越站乘车）除按规定补收票款外，由车站给其发出《无票乘车告知确认书》，一式两份，乘车人签字后，一份交乘车人，一份车站留存，并实名录入到“无票乘车诚信管理子系统”。对发现借用、冒用、伪造、涂改身份证件的乘车人员，交由公安部门进行处理。

16. 持用伪造或涂改的车票乘车时的处理办法

持用伪造或涂改的车票乘车时，除按无票处理并送交公安部门外，铁路运输企业有权对其身份进行登记。

17. 旅客自行持低等级车票乘坐高等级列车、铺位、席别时的处理办法

持用低等级车票乘坐高等级列车、铺位、席别时，补收所乘区间的票价差额。加收已乘区间应补票价 50%的票款，核收手续费。必要时对其身份进行登记。

18. 发现儿童超高补收票价的方法以及针对身高超过 1.5 m 的儿童无票乘车的处理办法

（1）身高超过 1.5 m 的儿童持用儿童票乘车，应补收全价票价与儿童票价的差额，核收手续费。

（2）对于身高在 1.2 m 和 1.5 m 之间无票乘车的儿童，应补收儿童票价，核收手续费。

（3）身高超过 1.5 m 的儿童无票乘车时补收全价票价，核收手续费。

19. 车站对无票乘车又拒绝补票的人的处理办法

对无票乘车而又拒绝补票的人，列车长可责令其下车并编制客运记录交县、市所在地车站或三等以上车站处理（其到站近于上述到站时应交到站处理）。车站对列车移交或本站发现的上述人员追补应收和加收的票款，核收手续费。对当时无力补票的，应设法通知其单位或家属帮助补交票款。

20. 购买和使用实名制车票的规定

购买实名制车票时，须凭乘车人有效身份证件购买车票，并持车票及购票时所使用的乘车人本人有效身份证件原件进站、乘车，但拥有免费乘车资格及持儿童票的儿童除外。

车票实名制的实行范围、售票及验证检票方式以车站公告为准，但使用学生优惠票、残疾军人或伤残人民警察优待票、残疾人专用票额的车票时均需出示乘车人的有效身份证件及规定的证件。

同城车站均实行实名制时，临时身份证明可以通用。

一张有效身份证件在同一乘车日期内只能购买一张同一车次实名制车票。

实名制车票办理始发改签、中转签证时，无须出示有效身份证件。

21. 购买实名制车票的有效身份证件

有效身份证件包括：居民身份证、临时身份证、户口簿、中华人民共和国旅行证、中国

人民解放军军人保障卡、军官证、武警警官证、士兵证、军队学员证、军队文职干部证、军队离退休干部证、按规定可使用的有效护照、港澳居民来往内地通行证、中华人民共和国往来港澳通行证、台湾居民来往大陆通行证、大陆居民往来台湾通行证、外国人居留证、外国人出入境证、外交官证、领事馆证、海员证、外交部开具的外国人身份证明、地方公安机关出入境管理部门开具的护照报失证明、铁路公安部门填发的乘坐旅客列车临时身份证明（以下简称“临时身份证明”）等24种。1.5 m以上16岁以下未成年人有效身份证件还包括学生证。

22. 购买实名制减价优惠票的规定

须凭证购买的学生、残疾军人（警察）等减价优惠（待）票，在出示有效身份证件的同时，还应出示符合规定的减价优惠（待）凭证原件，经核实后，方可购票、乘车。学生票按规定核减次数。

23. 实名制车票乘车前丢失的处理

旅客在购票后丢失了车票的，符合以下条件时，可到车站售票窗口办理挂失补办手续：

（1）提供购票时所使用的有效身份证件原件、原车票乘车日期和购票地车站名称。

（2）不晚于票面发站停止检票时间前20 min。

24. 以下情形实名制车票不办理挂失补办手续

（1）超过规定时间提出的。

（2）原车票已经退票的。

（3）已经挂失补办的。

25. 实名制车票挂失补办手续的办理

车站确认旅客身份、车票等信息无误后，旅客应按原车票车次、席位、票价重新购买一张新车票。新车票票面标记“挂失补”字样。原车票已经改签的按改签后的车票办理挂失补办手续。

新车票发售后，原车票失效。新车票不能改签，但可以退票；退票时按规定核收补票的手续费。新车票退票后，原车票效力恢复。

旅客持新车票乘车时，应向列车工作人员声明。到站前，列车长已确认该席位使用正常的，开具客运记录交旅客作为到站退票的凭证。

旅客到站后24 h内，凭客运记录、新车票和购票时所使用的有效身份证件原件，至退票窗口办理新车票退票手续，按规定核收补票的手续费。

26. 铁路职工签证时哪些证件被视为有效身份证件

（1）铁路全年定期乘车证和铁路通勤乘车证。

（2）使用不带照片的铁路乘车证、各种特种乘车证和铁路专用定期票的，必须与工作证同时使用才被视为有效身份证件。

27. 列车上遇有持用挂失补车票旅客时如何办理

列车通过站车交互系统终端，获取实名挂失车票信息。

列车遇有实名挂失补办情况，要加强车票的查验工作。

（1）列车上发现旅客丢失的车票被他人持有时，对持原票旅客，按无票处理，收回原票。

（2）列车上发现办理车票挂失旅客本人持有原票，要求其出示挂失补车票，不能出示的按无票处理。

28. 持用挂失补车票的旅客要求中途下车如何处理

旅客挂失补办后持“挂失补”车票乘车，如中途下车时，列车长应在下车前开具客运记录交旅客。下车站核实客运记录、“挂失补”车票、购票时所使用的有效身份证件原件和旅客本人一致后，按“挂失补”车票票面乘车区间及票价办理退票，核收补票的手续费。

29. 持用挂失补车票的旅客要求越站乘车如何处理

旅客挂失补办后持“挂失补”车票乘车越站时，列车应按规定办理越站手续，并在旅客下车前开具客运记录交旅客，注明“旅客 XXX，身份证号 XXXX，持车票 XXXX（‘挂失补’车票票号）自 XX—XX 区间席位使用正常，可办理退票；自 XX—XX 区间越站乘车，车票号 XXX”等字样。下车站核实客运记录、“挂失补”车票和列车补越站车票、购票时所使用的有效身份证件原件和旅客本人一致后，按“挂失补”车票票面乘车区间的票价办理退票，核收补票的手续费。

30. 铁路互联网售票的概念

铁路互联网售票是指通过中国铁路客户服务中心网站（www.12306.cn，以下简称“12306 网站”）办理铁路电子客票的销售、改签、退票等业务。

31. 铁路电子客票的概念

铁路电子客票是以电子数据形式体现的铁路旅客运输合同，与纸质车票具有同等的法律效力。

32. 在 12306 网站购票可使用的有效身份证件

（1）中华人民共和国居民身份证。

（2）港澳居民来往内地通行证。

（3）台湾居民来往大陆通行证。

（4）护照。

33. 在 12306 网站购票后，遇哪些情形，应当在购票后、开车前换取纸质车票后进站乘车

（1）使用二代居民身份证以外的其他有效身份证件购票的。

（2）使用同行成年人有效身份证件信息购买儿童票的。
（3）购买学生票、伤残军人（警察）优待票的。
（4）乘车站或下车站不具备二代居民身份证检票条件的。
（5）二代居民身份证无法在自动检票机上识读的。
（6）需车票报销凭证的。
（7）乘车人按所购车票的乘车日期、车次在中途站进站乘车的。

纸质车票票面载明购票时所使用的乘车人有效身份证件号码和姓名，并标记“网”字。

34. 旅客使用铁路电子客票乘车时铁路旅客运输合同运送期间的起、止时间的相关规定

自动检票机在识读二代居民身份证时所做的进站、出站记录分别为铁路旅客运输合同运送期间的起、止证明。

35. 列车上对使用电子客票的旅客如何查验

列车验票时，通过旅客所持的二代居民身份证原件，核对铁路电子客票及证件等信息，经确认没有旅客铁路电子客票信息的，应当先行补票。旅客因二代居民身份证丢失，补票后又找到二代居民身份证的，列车长确认后开具客运记录交旅客，旅客持客运记录和二代居民身份证原件到下车站退票窗口，车站通过售票系统核实后退还后补车票，不收退票费。

客运记录应填写旅客二代居民身份证号码、姓名、所乘车次、席别、票种等有关内容。

36. 车站检票服务器无法正常访问时，列车客运工作人员应该如何做

车站启用应急检票服务器后仍无法正常办理检票业务时，车站根据实际情况，可组织旅客办理电子客票换票或参照车站提供的持电子客票旅客的乘车信息组织旅客直接进站上车。组织旅客直接进站上车时，车站值班员须口头通知列车长，列车长通过站车无线交互系统终端加强车上的验票工作，同时，车站将相关车次报告铁路局客票管理所，由乘车站所属铁路局通知列车沿途局加强出站检票工作。

任务三　常见问题处理办法

1. 车站对在列车内寻衅滋事的旅客的处理办法

对于在列车内寻衅滋事，扰乱公共秩序被列车工作人员责令下车的旅客，列车应编制客运记录交车站。车站工作人员应将站内发现的和列车移交的上述旅客带出站外，情节严重者应送交公安部门处理。

2. 对违反国家法律、法规，扰乱公共秩序的旅客车站的处理办法

对违反国家法律、法规，在站内。列车内寻衅滋事、扰乱公共秩序的人，站、车均可拒

绝其上车或责令其下车；情节严重的应送交公安部门处理；对未使用至到站的票价不予退还，并在票的背面做相应的记载，运输合同即行终止。

3. 列车长现场管理应具备的常识

（1）做到九个清楚：
① 当前工作重点清楚；
② 班组人员状况清楚；
③ 该趟工作重点清楚；
④ 本次车沿线情况清楚；
⑤ 非正常处理办法清楚；
⑥ 客流情况清楚；
⑦ 重点旅客情况清楚；
⑧ 卧铺使用情况清楚；
⑨ 折返站乘务员动态清楚。
（2）检查八个重点部位：
① 方向牌、内外顺号牌；
② 门；
③ 窗；
④ 防护栏；
⑤ 特种车；
⑥ 厕所；
⑦ 茶炉取暖设施；
⑧ 隐蔽角落。
（3）卡控七个关键：
① 防火防爆；
② 三品查堵；
③ 三乘检查；
④ 餐车油垢；
⑤ 旅客乘降；
⑥ 职工两纪；
⑦ 人身安全。
（4）杜绝六种现象：
① 长时间不巡视；
② 处理问题不调查；
③ 接待工作没程序；
④ 协调关系不谦虚；
⑤ 考核巡视没记录；
⑥ 班组管理存侥幸。

（5）落实五个到位：

① 超员组织到位；

② 非正常情况处理到位；

③ 职工旅客伤病处理到位；

④ 接待检查到位；

⑤ 查验车票到位。

（6）采取四种方法：

① 重点区段和夜间巡视相结合；

② 严格考核和思想教育相结合；

③ 落实标准和实际情况相结合；

④ 全面管理和重点管理相结合。

（7）处理好三个关系：

① 三乘关系；

② 站车关系；

③ 上下级关系。

（8）做好两个关心：

① 关心职工生活；

② 关心职工身体健康。

（9）实现一个目标：

确保安全路风平稳，生产任务完成的目标。

任务四　携带物品基础知识

1. 旅客免费携带物品的重量和体积有何规定，对物品在车内的摆放的要求

每位旅客免费携带品的重量和体积如下：

儿童（含免费儿童）10 kg，外交人员 35 kg，其他旅客 20 kg。每件物品外部尺寸长、宽、高之和不超过 160 cm，杆状物品不超过 200 cm；但乘坐动车组列车时的尺寸之和不超过 130 cm，重量不超过 20 kg。残疾人旅行时代步的折叠式轮椅可免费携带，不计入上述范围。

对旅客随身携带品应动员放在行李架上和座位下面，并做到平稳牢固，不妨碍其他旅客的乘坐或通行。

2. 旅客携带物品超出规定范围时的处理

（1）在发站禁止进站上车。

（2）在车内或下车站，对超过免费重量的物品，其超重部分应补收四类包裹运费。对不可分拆的整件超重、超大物品（包括几人同时携带一件超重或超大物品）、动物，按该件全部重量补收上车站至下车站四类包裹运费。

（3）发现危险品或国家禁止、限制运输的物品，妨碍公共卫生的物品，损坏或污染车辆的物品，按该件全部重量加倍补收乘车站至下车站四类包裹运费。危险物品交前方停车站处理；必要时移交公安部门处理。对有必要就地销毁的危险品应就地销毁，使之不能危害他人和环境，并且销毁后车站不承担任何赔偿责任。

没收危险品时，应向被没收人出具书面证明。

京铁路（2014）502号规定：车站对发现进站旅客携带行李超重超大的，超重5 kg以下的进行口头提示；超重5 kg以上的，引导其到行李房办理托运。确因上车时间有特殊困难的，给其派发《携带行李超重超大告知确认书》，一式两份，乘车人签字后，一份交乘车人，一份车站留存，并实名录入“行李超重超大安全管理子系统”，告知旅客到站办理补交运费手续；对下车出站携带行李超重超大的旅客，除给其派发《携带行李超重超大告知确认书》外，还要按规定补收运费。

3. 处理违章携带物品的原则

具体处理过程中，应本着实事求是的态度，区别不同的违章情况，妥善处理。当携带品超重不足5 kg时，应免收运费。对已带入车内的猫、狗、猴等宠物，应安排在列车通过台由旅客自己照看，宠物发生意外或伤害其他旅客时，由携带者负责。

4. 禁止带入车内的物品

（1）国家禁止或限制运输的物品。

（2）法律、法规、规章中规定的危险品、弹药和承运人不能判明性质的化工产品。

（3）动物及妨碍公共卫生（包括有恶臭等异味）的物品。

（4）能够损坏或污染车辆的物品。

（5）规格和重量超过规定的物品。

5. 在保证安全和卫生的条件下，可限量携带的物品

方便旅客的旅行生活，限量携带下列物品：

（1）普通打火机2个，安全火柴2小盒。

（2）不超过20 mL的指甲油、去光剂、染发剂。不超过120 mL的冷烫精、摩丝、发胶、卫生杀虫剂、空气清新剂等自喷压力容器。

（3）军人、武警、公安人员、民兵、猎人凭法规规定的持枪证明佩带的枪支子弹。

（4）初生雏20只。

6. 站、车发现旅客遗失物品的处理办法

站车对旅客的遗失物品应设法归还原主。如旅客已经下车，应编制客运记录，注明品名、件数等移交下一车站。不能判明时，移交列车终点站。

7. 列车上拾到旅客遗失的现金时的处理办法

列车拾到现金时应编记录交车站，车站应开具“客运运价杂费收据”（以下简称“客杂”）

上交，并在登记簿上注明“客杂”收据号码。当失主来领取时，在开具退款证明书后办理退款。

任务五　代用票基础知识

1. 用代用票发售普通列车车票时事由栏的填写原则

用代用票发售车票时事由栏为了填写方便，可用规定的略语填写。

内容如下：

（1）代用硬（软）票——“客”。

（2）代用普快票——“快”。

（3）代用快速票——“快速”。

（4）代用特快票——“特快”。

（5）代用硬（软）座普快联合票——“客快”。

（6）代用硬（软）座快速联合票——“客快速”。

（7）代用硬（软）座特快联合票——“客特快”。

（8）代用卧铺票——“卧”。

（9）代用硬（软）座普快卧联合票——“客快卧”。

（10）代用硬（软）座快速卧联合票——“客快速卧”。

（11）代用硬（软）座特快卧联合票——“客特快卧”。

（12）代用空调票——“空调”。

（13）办理团体票——“团体”。

2. 使用代用票发售车票时人数栏、票价栏、记事栏的填写

（1）人数栏，应按实际收费人数分开价别用大写数字填写，不用栏用“#”号抹消。

（2）票价栏，按收费种别，分别在适当栏内填写。其他费用应在空白栏注明收费种别和款额，卧铺栏前加“上”“中”“下”字样，加快栏前加“普”“特”字样。

（3）记事栏，办理团体票时应注明团体旅客证的起止号，代用儿童、学生、伤残军人、警察伤残证应注明 O 学、O 残字样。

3. 使用铁路乘车证使用卧铺的规定

职工（含路外符合使用乘车证的人员）出差、驻勤、开会、调转赴任、医疗转院（含职工供养的直系亲属）、疗养、护送、出入学校，以本人开始乘坐本次列车开车时刻起计算，从 20:00 至次日 7:00，在车上过夜 6 h（含 6 h）或连续乘车超过 12 h（含 12 h）以上的，准予免费使用卧铺。

4. 使用铁路乘车证签证及登记卧铺的规定

（1）持用全年定期、临时定期、定期通勤乘车证，应同时附有乘车证使用卡片，卡片由

乘车证填发单位发给。在填发乘车证的同时填发卡片，并在乘车证背面和卡片（骑缝）加盖乘车证专用章。卡片用完后可更换新卡片。

（2）持用临时定期、软席、硬席、探亲乘车证时，须由车站签证。车站对要求签证的人员应查验有关证件；临时定期乘车证在卡片上签证，软席、硬席乘车证在背面签证，对号列车应发给座位号。持用全年定期、定期通勤、通勤、通学、定期就医、购粮乘车证可准免签证。如需要座位号时，可凭乘车证由车站发给座位号。

（3）符合使用卧铺规定的人员登记卧铺时车站或指定的代办部门应查验有关证件，对有卡片的乘车证在卡片上登记；对无卡片的乘车证在乘车证背面登记，并发给卧铺号；在列车上登记卧铺时，由列车长按上述方法进行同样的办理。

（4）登记卧铺后不能按时乘车，应将卧铺号及时退回车站，车站将登记事项注销并加盖注销章。

（5）使用卧铺的中途不应下车。如必须下车，不足夜间乘车 6 h 或连续乘车 12 h 的，列车长应按章核收已乘区间的卧铺票价。

（6）持乘车证到列车上使用卧铺时，应将出差证明、卡片连同乘车证交列车员保管，并办理签证。持用全年定期乘车证的，可不交乘车证。

任务六　旅客运输组织

1. 列车乘务组的主要工作

（1）使车内经常保持整齐清洁、设备良好、温度适宜、照明充足。

（2）通告站名，组织旅客安全乘降，及时妥善安排旅客座席、铺位。

（3）对老、幼、病、残、孕等重点旅客做到重点照顾。

（4）维护车内秩序，保证安全正点。

（5）做好饮食供应工作。

2. 列车每趟计划的主要内容

列车长每次出乘前应编制趟计划，趟计划在乘务报告中进行显示，其主要内容有：

（1）本次乘务工作中的重点工作安排。

（2）贯彻上级规章、命令、指示、通知的具体措施。

（3）上次乘务工作中的优缺点及改进措施。

（4）针对接车所发现的问题，应采取的措施。

项目二　基础作业流程

任务一　列车员作业流程

1. 列车员出乘前的准备工作

（1）列车员出乘前应充分休息，保证精力充沛，精神饱满。出乘时应着规定制服，佩戴职务标识，戴规定制帽。仪容整洁，朴素自然大方。

（2）熟练掌握本列车停站、到开时刻及岗位要求。

（3）按规定时间到段，参加班组出乘前的学习会，听取列车长对本趟工作的安排和注意事项，记录本趟列车出乘计划。

（4）列队到派班室点名，听取派班员传达的上级文件、命令和有关事项。

（5）集体列队出乘。

图 2-1

2. 列车员库内的工作安排

（1）库内接车后首先检查车内备品是否齐全，发现丢失应立即向列车长报告、补齐。

（2）对车内设备设施、阴暗角落进行全面检查，锅炉房、清洁柜等应确认锁闭，发现问题要及时汇报列车长。

（3）检查消防器材是否齐全、定位、有效。

（4）做好车厢的卫生清理及卧具整备工作。

3. 如何及时清理车内卫生

（1）卫生清理应遵循先上后下、先内后外、先冲刷后擦抹、先扫后墩的原则。钩座位、铺位缝，倾倒烟灰缸，清擦通风器、地面、风挡、通过台、连接处，勾扫暖气罩管上下、铺下，保证无杂物。

（2）擦抹行李架、衣帽钩、茶桌腿、铺梯、铺腿、望板、隔板、窗台、窗框、四壁、门框、暖瓶、防倒架、四框。

（3）冲刷擦抹洗面间、厕所、锅（茶）炉房，清擦厕所四壁、死角，保证厕所无异味。

（4）全面清扫地面、风挡、连接处、通过台。

（5）用墩布清擦地面。

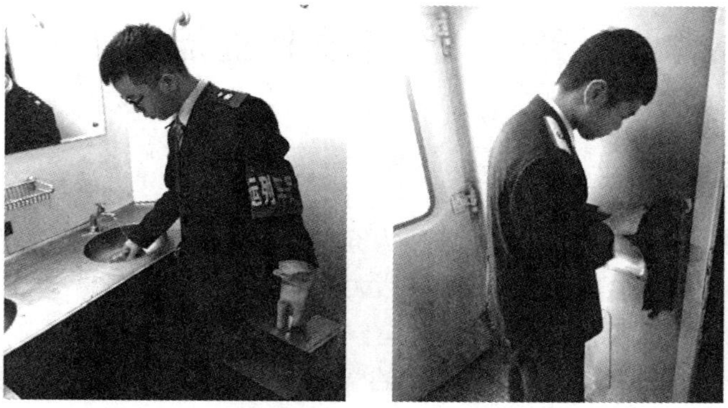

图 2-2

4. 如何进行卧具准备

整理铺套、卧具。卧具应按定员的 2.5 倍配备，做到一客一换。卧具铺放应平展，褥垫四边不外露。卧具干净、无破损，使用卧具袋统一放置，脏净品分类放置，卧具不直接落地，卧具袋严禁挪作他用。

5. 列车员出库前应做的工作

（1）整理车容，调整车窗，位置正确、全列一致。

（2）乘务室内摆放业务资料台账（交接簿、旅客去向登记、车厢给水记录簿），资料齐全、定位。全列统一标准。

（3）卧铺车暖瓶满水、定位。

（4）厕所、锅炉室、茶炉室等应锁闭。

6. 列车出库时列车员应做好的工作

（1）检查四门是否锁闭，防止敞门运行。

（2）检查备品是否定位，厕所、锅炉室、茶炉室是否锁闭。

（3）检查着装，整理妆容及个人卫生。

（4）进站前在风挡车门处面向站台方向立岗。

7. 旅客放行时列车员应注意的几方面

（1）听到广播放客通知后，统一打开车门，擦手把杆、黄线，检查车梯是否有杂物。

（2）高站台按规定放置安全渡板，悬挂安全警示带。

（3）面向旅客放行方向立正姿势在车门口迎接旅客，遇高站台时不得背向站在两车连接处。

（4）旅客上车时做好车门验票工作，扶老携幼，组织旅客按顺序上车。

（5）做好“三品”查堵工作，将危险品卡在车厢下。

（6）车内乘务员做好引导旅客的工作，安排座位、铺位，帮助安排旅客行李。

（7）开车前 5 min 做好通告，提示送人旅客及时下车。

（8）铃响摘取警示带，站线，铃止三步蹬车，放脚踏板或收起渡板，站稳扶好。

8. 开车后列车员应做的工作

（1）车动关门加锁，面向站台行注目礼至出站台。

（2）列车出站台四门检查瞭望，落实自检、互检制度。

（3）列车出市区后打开厕所。

（4）整理行李架、衣帽钩。

（5）做好旅客去向登记，对重点旅客做到“三知三有”（知位置、知到站、知困难；有登记、有服务、有交接）。

（6）送水做到不接杯不倒、档子里不倒、过道岔不倒。

（7）扫地、墩通道。

9. 中途到站前列车员应做哪些工作

（1）非集便器厕所的列车停车超过 3 min 时，提前 5 min 锁闭厕所。

（2）在本车厢及相邻车厢通报到站，提前出场。

（3）组织下车旅客提前在车门口等候。

10. 停站时列车员应做哪些工作

（1）提前到岗，确认站台，试开车门（塞拉门除外，试开车门时开启车门缝隙不超过 10 cm，确认车门状态良好后立即关闭），停稳开门，脚踏板卡簧入槽，高站台停车 4 min 以上放置安全渡板，悬挂警示带，擦手把杆，组织乘降，验票上车，扶老携幼，防止旅客上错车。查堵“三品”，杜绝危险品上车。

（2）在规定的投放站投放垃圾，扎口放在风雨棚立柱下，无风雨棚立柱时，放在安全白线以外，不外溢、不洒落。

（3）铃响摘警示带，站线，铃止登车、放脚踏板或收起渡板，车动锁闭车门，面向站台行注目礼至出站台。

11. 列车运行中列车员应做的工作

（1）巡视车厢，随时整理行李架、衣帽钩。

（2）及时清理车内卫生，做到随脏随扫。

（3）采暖期间应按时检查独暖锅炉水位、炉温、火势，锅炉室清洁无杂物，离人加锁。

12. 列车员夜间作业包括的内容

（1）入夜前，硬席进行夜间旅客去向登记，向重点旅客介绍注意事项。卧车清理铺位，车内无闲杂人员。

（2）扫墩地面，清理杂物，垃圾装袋，清扫工具隐蔽存放。

（3）整理车容。卧车闭合窗帘，关闭顶灯，开启地灯。

（4）卧车锁闭端门，保持车内安静，加强巡视，坐边座值岗。

图 2-3

13. 列车员晨起作业包括的内容

（1）暖瓶满水放至卧铺档子内。

（2）冲刷厕所，清理电茶炉（茶炉室），保持清洁、无杂物。

（3）清理洗面池、照面镜、茶桌、窗台、窗沿、拉开遮光帘，挂摆一致。保持洗脸间、厕所、连接处干燥无杂物。

（4）扫墩地面、通过台、连接处。垃圾装袋。

14. 列车员交接班前应做的工作

（1）全面清扫，整理衣帽钩、行李架物品，清理杂物，暖瓶满水，卫生干净，车厢整洁。

（2）茶炉室干净无杂物。

（3）交接卧具使用情况（卧车现有人数、前方站下车人数、空余铺位），交接票夹。

（4）交接重点旅客及列车长交办事项，填写“交接簿”。

（5）交接清扫工具、服务设施及备品，填写“交接簿”。备品齐全，定位隐蔽存放。

（6）交接独暖锅炉、茶炉。交接清楚，签字确认。确保水满、炉清，炉温、车温达标。

（7）列队交接班，整齐一致。

15. 列车终到列车员应做的工作

（1）提前 1 h 进行终到作业，提前 10 min 锁闭厕所。

（2）全面清理车内卫生，做到“三不带”。

（3）卧车到站前换发车票，收回卧铺牌。

（4）列车进站面向站台行注目礼，确认站台，试开车门（塞拉门除外，试开车门时开启车门缝隙不超过 10 cm，确认车门状态良好后立即关闭），停稳开门，脚踏板卡簧入槽，高站台放置渡板，悬挂警示带，擦手把杆，帮助重点旅客下车。

（5）旅客下车完毕后按规定投放垃圾。

（6）检查旅客遗失物品，发现遗失品交列车长处理。

（7）将使用后的卧具分别包好，放在指定位置。备品、清扫工具集中放置。

（8）整理资料、台账。

（9）办理独暖锅炉交接手续。

（10）在指定地点集合，听取列车长工作总结。按规定看车，其余人员列队退乘（入公寓休息）。

图 2-4

任务二　乘务员常规作业程序

1. 集体登车的作业程序

（1）看——放稳车梯。确定车门、乘降梯扎稳挂牢，翻板卡簧入槽。

（2）护——确认防护。确认乘降梯两侧分别有专人防护。

（3）登——稳步登车。抓牢升降梯扶手、踩稳、逐梯登车。

（4）接——接应物品。接应车下防护人员递交的携带品。

2. 集体下车的作业程序

（1）放——放稳车梯。指定车门，乘降梯扎稳挂牢，翻板卡簧入槽。

（2）下——下车防护。防护人抓牢升降梯扶手、踩稳、逐梯下车，担当防护。

（3）护——确认防护。确认乘降梯两侧分别有专人防护。
（4）递——递送物品。下车前，将物品递交防护人，抓牢翻板扶手，踩稳、逐梯下车。

3. 单人登车的作业程序

（1）呼——呼唤接应。呼唤车上人员接应。
（2）看——检查车梯。确定车门、乘降梯扎稳挂牢，翻板卡簧入槽。
（3）递——递送物品。将携带品递交接应人员。
（4）登——稳步登车。抓牢扶手、踩稳、逐梯登车。

4. 高站台开门下车的作业程序

（1）迎——站立迎站。面向站台方向，进站。
（2）查——检查压角。确认翻板压角压牢。
（3）试——试开车门。开启下锁、上锁，试开车门（塞拉门除外），保持关闭，离人加锁。
（4）放——开门下车。门卡入槽，摆放渡板，稳步下车。
（5）立——定位立岗。带抹布，擦拭手把，面向车厢连接处立岗。
（6）看——观察压角。随时观察翻板压角，保持卡牢状态。

5. 低站台开门下车的作业程序

（1）迎——站立迎站。面向站台，进站。
（2）试——试开车门。开启下锁、上锁，试开车门（塞拉门除外），保持关闭，离人加锁。
（3）开——打开车门。门卡入槽，脚踩翻板，手搬压角扳手，开启压角，打开翻板。
（4）认——确认入槽。翻板弹起后，确认卡簧入槽。
（5）清——查看车梯。清理车梯杂物，确认活动梯开启。
（6）下——稳步下车。踩稳车梯、扶牢把手，逐梯下车。
（7）擦——擦拭手把。带抹布，擦翻板、车门手把。
（8）立——定位立岗。在车门口面向旅客放行方向立岗。

6. 始发站立岗迎客的作业程序

（1）迎——立岗迎客。面向旅客放行方向立岗（高站台面向车厢连接处立岗），迎客问好。
（2）验——验票引导。确认车票日期、车次、席别、到站有效，手势引导。
（3）帮——组织上车。宣传禁带危险品，组织乘客顺序上车，提示踩稳扶牢，帮扶重点。

7. 中途站立岗迎送的作业程序

（1）说——维持秩序。提示旅客先下后上、排队等候。
（2）下——组织下车。提示踩稳扶牢，帮扶重点。
（3）看——迎客验票。礼貌问好，确认车票日期、车次、到站有效。
（4）上——组织上车。宣传禁带危险品，组织维持秩序，提示踩稳扶牢，扶老携幼。

8. 低站台上车关闭车门的作业程序

（1）站——铃响站线。向安全线跨步站稳，面向车门，踩线立正。

（2）上——铃止上车。迈左脚，三步登车，踏稳扶牢，逐梯上车。

（3）放——放下翻板。双脚站在翻板槽外，打开卡簧，按下翻板，用脚踩住，搬动把手，压牢翻板。

（4）锁——锁门立岗。车动关门，锁闭上、下锁，定位立岗，出站自互检。

（5）送——站立送站。面向站台，送站。

9. 高站台上车关闭车门的作业程序

（1）站——铃响站线。向安全线跨步站稳，面向车门，踩线立正。

（2）摘——铃止摘带。摘警示带，两次对折，迈步上车。

（3）收——收取渡板。双脚站在翻板上，双手搬起渡板，立于站位左侧。

（4）锁——锁门立岗。车动关门，锁闭上、下锁，定位立岗，出站自互检。

（5）送——站立送站。面向站台，送站。

10. 车门自互检的作业程序

（1）检——自检车门。按下门把，回拉车门，检查上锁，复验下锁，确认锁闭，瞭望车外，有无抓车。

（2）检——顺序自检。自乘降门起，按照顺序检查其他的相邻车门。

（3）检——互检车门。通过本车厢到相邻车口四门，按照顺序检查车门。

11. 放收渡板的作业程序

（1）取——取板立岗。到站前收取渡板，竖放立岗左侧，定位上岗。

（2）放——放置渡板。开门后，站翻板上，手提渡板正面向外，前端先轻轻放在站台上，然后放下后端，卡住翻板。

（3）踩——试踩确认。脚踩渡板，确认平稳。

图 2-5

（4）看——观看压角。观察翻板压角状态，随时复位。

（5）收——收取渡板。铃止上车，面向站立，提起渡板，斜放立岗左侧。

（6）摆——摆放定位。自检车门后，渡板定位摆放。

12. 挂收警示带的作业程序

（1）取——取带立岗。到站前取警示带，定位立岗。

（2）挂——挂警示带。拿警示带，面向两节车厢连接部，双手打开警示带。字面朝外，先左后右分别将磁吸贴在车门门框旁，距站台面 1.6 m 处。

（3）收——收警示带。铃止，手握磁吸根部，先左后右分别将警示带取下对折两次。

（4）放——摆放定位。自检车门后将卷起的警示带定位放置。

13. 检查灭火器的作业程序

（1）看——查看配件。将灭火器取下，查看压把、保险销、铅封、喷嘴、胶管是否完整无缺。

（2）认——确认有效。确认压力表指针指向绿区、出厂日期、有效合格。

（3）试——试检挂具。挂具牢固，取放方便，将灭火器放回。

（4）报——报告异常。发现异常问题要报告列车长。

（5）摘——摘取挂物。发现悬挂物立即取下。

14. 送水的作业程序

（1）送——送水准备。开水涮壶，灌水后，壶戴套、戴帽、扣盖、放桶里，放在乘务室。

（2）问——通告问询。站在第一座席通道中部，面向旅客做送水通告，手提水桶，壶嘴向内，自一位端逐排送水。

（3）接——站稳接杯。两腿前后自然分开、站稳，手接水杯中部，涮杯水、茶根倒桶内。

（4）送——逐人送水。杯底对准水桶，斟水不隔人、不倒满，递杯宣传防烫，递给旅客或放小桌上。

（5）清——清整桶壶。送水完毕，倒净茶根，清涮水桶。

图 2-6

（6）放——定位放置。水壶带帽放桶内，定位摆放。

（备注：需补水时，带回水壶水桶，壶戴帽，清茶根；补水后，壶放桶里，壶嘴向内，继续送水。）

15. 去向登记的作业程序

（1）说——通告宣传。站在车厢一位第三排座席通道中部，面向旅客做旅客去向登记通告。

（2）问——核实报点。从车厢二位风挡连接处开始，逐人询问到站，填写旅客去向并告知旅客到站时刻。

（3）汇——统计填写。按到站统计人数、汇总，填写“乘车人数核实速报”和“交接簿”。

（4）送——传送速报。逐车传送到列车办公席。

图 2-7

16. 锁闭厕所的作业程序

（1）宣——宣传防伤。提示厕所周围旅客不要手扶门缝，防止挤伤手脚。

（2）敲——敲门确认。敲门确认，无人开门。

（3）查——检查清刷。检查异状，清刷地面、便器，擦拭手盆。

（4）锁——关门防挤。回头确认无手扶门缝，关门锁闭。

17. 到站前通告的作业程序

（1）站——定时定位。到站前 5 min，站在本车厢乘降门第三排座席通道中部，面向旅客。

（2）说——本车通告。通告前方到站站名、时刻、站停时间。

（3）告——邻车通告。进入邻车第三排通道中部，面向旅客，通告前方到站站名、时刻、站停时间。

18. 锁闭活动车窗的作业程序

（1）关——关闭旋锁。手推活动车窗上边框，旋转手动扳手，至锁闭位。

（2）检——检查关闭。往车内方向拉动，确认关闭。

（3）锁——锁闭车窗。锁车窗至锁闭位。

（4）报——报告异常。遇关闭、锁闭失效时及时汇报列车长。

19. 整理行李架的作业程序

（1）说——通告宣传。站在车厢一位第三排座席通道中部，面向旅客做整行通告。

（2）铺——铺垫站稳。从车厢一位端开始，座席上铺放脚垫，手扶座席背，踩准站稳。

（3）整——整理行李。征得旅客同意，按照“大不压小、重不压轻、方不压圆、硬不压软”的原则，逐件码放平稳、牢固、整齐，铁器、利器、易碎品放在座席下面。

（4）收——收垫定型。脚垫收回，定位放置。

图 2-8

20. 整理座套的作业程序

（1）清——清理杂物。清理座席、座套上的杂物。

（2）整——整理座套。对齐座套角、缝，自通道向墙板铺平，里侧，用木铲将座套边缘塞至座席与墙壁缝隙内。

（3）拉——拉平帽罩。套正帽罩、拉平下边。

图 2-9

21. 检查翻板的作业程序

（1）开——开验板簧。双脚站在翻板上，试搬压把确认良好；打开压角，翻板自动打起，确认卡簧作用良好。

（2）提——提验卡簧。提起翻板卡簧扳手，确认开启正常。

（3）放——放验翻板。按下翻板、脚踏翻板入槽，扳手归位。

（4）搬——搬验压角。翻板入槽后，用手搬动压把扳手，压牢翻板，确认压角作用良好。

22. 大桥安全的作业程序

（1）锁——锁闭厕所。列车通过大桥前 3 min，查看、锁闭车厢厕所。

（2）查——检查门窗。检查活动窗、车门，确认锁闭。

（3）巡——巡视车厢。车内巡视观察旅客动态。

（4）报——报告异常。发现异常情况立即向列车长报告。

23. 清擦地面的作业程序

（1）说——定位通告。站在车厢一位端第三排座席通道中部，面向旅客，做卫生通告。

（2）扫——套扫地面。带簸箕，用扫帚，从车厢一位端至二位端，逐排对边角、座席下、散热器下杂物进行掏扫、收，垃圾入袋。

（3）擦——墩擦地面。用墩布，自一位端逐排墩擦席下、空挡处。自二位端退行墩擦通道、风挡通过台。

（4）摆——备品定位。作业完毕，墩布涮净、拧干、定位悬挂，扫帚、簸箕定位放置。

图 2-10

24. 关闭塞拉门的作业程序

（1）有——通电有风。通电、有风压，使用自动锁。

（2）开——打开车门。开启下锁，旋转紧急锁复位，转动开关锁。

（3）关——关闭车门。转动开关锁。锁闭下锁，辨认下锁芯入槽。

（4）报——报告异常。车门不入槽、锁芯失灵，报告列车长。

25. 整理窗帘的作业程序

（1）查——检查窗帘。检查窗帘破损和污渍，确认环、钩齐全。
（2）整——整理纱帘。窗帘拉开，别于运行方向钩内。
（3）叠——叠整绒帘。分开绒帘、逐侧折叠、捋顺固定。
（4）报——报告污损。报告污染、破损、缺失。

图 2-11

26. 检查危险品的作业程序

（1）宣——宣传查危。安全员站在车厢第三排座席通道中部，面向旅客做检查危险品的通告。
（2）问——分区问询。按《查危定位图》分区到位，逐件行李，人、物对号问询。
（3）看——观察旅客。观看携带品的同时，注意旅客异常神态、表情。
（4）听——听取议论。听取旅客对异常情况的议论。
（5）闻——闻辨异味。闻辨区域内散发的危险品气味。
（6）查——报告检查。发现异常，报告列车长、乘警，乘警对可疑物品进行开包检查。

图 2-12

27. 检查电茶炉的作业程序

（1）清——清理杂物。清理炉体四周杂物，保持下水畅通。

（2）擦——擦拭炉体。清擦水迹、污渍。
（3）查——查看水位。看水位显示器、打开水嘴，确认有水。
（4）报——查报故障。发现故障，报告列车长。

28. 卧车收票的作业程序

（1）查——检查锁具。检查抽屉、锁具作用良好，票夹、牌齐全。
（2）收——换收车票。从车厢一位端开始进行换票宣传，自二位端开始逐人换取车票、告知到站时刻、介绍卧具、提示安全注意事项。
（3）摆——摆放车票。将车票正面朝外，发到站字体统一在格内上方摆放。
（4）记——记录到站。将车票到站填记交接簿上，记录重点旅客。
（5）锁——票据加锁。票据更换结束后入抽屉锁闭。
（6）复——卧铺复用。中途站卧铺复用，按照本程序（1）（2）（3）（5）执行。

29. 卧车换票的作业程序

（1）换——换取车票。到站前 30 min，办理换票手续，并提示到站时刻。
（2）查——查看卧具。检查该旅客卧具齐全无污染。
（3）帮——帮扶重点。对重点旅客提示安全，按应需服务妥善安排。
（4）锁——票据加锁。票据更换结束后入抽屉锁闭。

30. 清整卧具的作业程序

（1）整理顺序。
套——整理铺套。拉平铺套，对齐四角。
单——铺平褥单。按照横向先里后外，纵向先里后外顺序依次包四边。
被——叠整棉被。三折后，叠四方块，四角见棱。
枕——枕头摆放。套齐枕袋，四角抻齐，平放于棉被中部。

图 2-13

（2）始发清整。

查——查看数量。接车后，按定员查看卧具数量是否齐全。

整——简单整理。对不标准的卧具进行整理。

（3）途中整理。

整——保持整齐。运行途中和旅客晨起后，随时整理卧具。

整——中途整理。旅客下车后，更换卧具定型。

（4）终到清点。

清——清点卧具。终到后，对车厢各种棉织品进行逐项清点，确认数量。

交——码放交接。码放已用卧具，与保洁人员交接。

任务三　非正常情况作业程序

1. 降雪天气的作业程序

（1）清——清理积雪。运行中及时清扫风挡处积雪，站停时清理车梯积雪积冰。

（2）宣——安全宣传。到站前通告时，提示旅客站稳、扶牢、防滑，安全乘降。

（3）通——防冻措施。疏通各排水孔，到站前，试搬压角，试开车门。

（4）帮——帮扶上下。车门宣传防滑，逐人帮扶。

（5）防——自我防范。风挡处稳步慢行，出场戴手套，抓牢、踩稳、逐梯上下车。

2. 降雨天气的作业程序

（1）清——清理积水。运行中及时墩擦风挡处积水，站停时擦拭车梯积水。

（2）宣——安全宣传。站前通告时，提示旅客带好雨具，安全乘降。

（3）帮——帮扶重点。车门口逐人安全宣传，扶老携幼。

（4）防——自我防范。出场穿雨衣，抓牢、踩稳、逐梯上下车。

3. 遇有疑似重大病情的作业程序

（1）报——立即报告。发现旅客疑似症状，立即报告列车长。

（2）护——自我防护。戴口罩和手套，必要时使用其他防护设施。

（3）隔——隔离防护。锁闭车厢端门，将疑似旅客安排在靠近乘务室一端的座席处，妥善安排原座席及周围的旅客。设置专用厕所。使用专用垃圾袋，对疑似病旅客的剩余食物、呕吐物、废弃物分别袋装密封保管，协助列车长移交给接收的卫生防疫部门。配合消毒作业。

（4）记——协助登记。按照规定的表格内容，逐项登记疑似病人和密切接触者的情况。

4. 遇飞石击窗的作业程序

（1）报——立即报告。运行中发生飞石击窗时，立即赶到现场判明情况并报告列车长。

（2）救——救护处置。伤及旅客时，针对旅客受伤情况，简单进行包扎。

（3）取——协助取证。寻找医务人员到现场救治。协助列车长做好受伤旅客和周围旅客的询问取证。

（4）清——清理现场。寻找、保管可疑物，协助检乘人员做好封掩措施，清理车内玻璃碎物。

5. 发现旅客携带危险品的作业程序

（1）判——判明类别。确认危险品品名、种类、数量，对摔、拉、砸等易爆物品要立即浸水处理，并做好对其他类危险品的看管工作。

（2）报——报告车长。立即向列车长汇报。

（3）处——协助处置。协助列车长做好对危险品的看管和取证、移交工作。

项目三　安全基础知识

任务一　作业安全

1. 列车车门的安全管理规定

执行车门管理制度。

（1）车门管理做到停开、动关、锁，出站台四门检查瞭望。车站开车铃声结束、旅客乘降完毕后上车放下脚踏板，在车门口值守做好关门准备，车动关闭车门；进站提前到岗确认站台，试开车门（塞拉门除外），停稳开门，卡牢翻板，无旅客从背面车门下车。

试开车门时开启车门缝隙不超过 10 cm，确认车门状态良好后立即关闭。始发、终到客流较大时双开车门组织乘降，一人值乘多个车厢时，由车站负责值守增开的车门。

（2）列车运行中，载客车厢连接端门不锁闭，车门及餐车厨房边门、走廊边门、厨房后门锁闭；行李车、发电车、邮政车端门锁闭，但与车厢连接端门锁闭后可用列车通用钥匙打开。到站前、开车后疏通通道。列车站停期间，卧铺车端门按照值乘范围锁闭相应车厢端门。

（3）列车首节车辆前部、尾节车辆后部设有外端门、防护栏和“禁止通行”标志，外端门运行中锁闭。餐车后厨边门窗户不是内翻可开启式的，边门外加装防护栏并加锁固定牢固。列车首尾载客车厢侧门和端门运行中锁闭，在内端门设置“旅客止步”标志。

（4）临时停车时做好宣传，加强巡视，确保车门锁闭，严禁旅客上下车，未经列车长统一组织不准开启车门。列车启动后四门检查瞭望。

（5）停站立岗时，面向旅客放行方向立岗（高站台时不背对车厢连接处立岗），做好安全宣传，验票上车，重点帮扶，安全乘降。

（6）高站台乘降作业时，站停时间超过 4 min 时，车门口与站台间使用安全踏板，组织乘降的车门与相邻车厢间空挡处设置警示带。安全踏板制作轻巧牢固，安放平稳，定位放置。警示带印有反光材料制作的“当心坠落、注意安全”字样，设置方式、位置统一。临时双开车门组织乘降时，增开的车门可不设置安全踏板和警示带。

2.《铁路旅客运输安全检查管理办法》中危险品的定义

危险品是指具有易燃、易爆、毒害、腐蚀、放射性的物品和传染病病原体及枪支、管制器具等可能危害公共安全的物品。

3. 旅客意外伤害事故

旅客持有效车票，在运送期间内由于外来、剧烈、明显的行车肇事、列车火灾、设备不良、工作过失等原因遭受意外伤亡时，为旅客意外伤害事故。

4. 常见造成客车火灾的原因

（1）炉、灶设备不良，用火管理不善。
（2）电气设备损坏、老化、绝缘不良、违章用电。
（3）违章吸烟，乱扔烟头、火种。
（4）旅客携带和托运包裹内夹带易燃、易爆危险品上车。
（5）客车停留时闲杂人员上车动火。

5. 防止火灾的基本措施

（1）控制可燃物。
（2）隔绝空气。
（3）消除着火源。

6. 必须使用紧急制动阀的情形

（1）车辆燃轴或重要部件损坏。
（2）列车发生火灾。
（3）有人从列车上坠落或线路内有人死伤。
（4）其他发生危及行车和人身安全的情况必须紧急停车时。

7. 独暖锅炉如何防止火灾

（1）锅炉室内严禁堆放杂物及可燃物品，并保持清洁。
（2）炉灰必须经浸水后装入垃圾袋交指定地点。
（3）火床不要高出炉门。
（4）锅炉室离人加锁。

8. 乘务员冬季作业时应该保证安全

（1）应注意车梯、通过台上有无积雪积冰，发现时及时清除，防止旅客上下车时滑倒摔伤。
（2）保持车厢整洁。不要用水冲刷风挡、车梯和通过台。
（3）车厢内脸盆、洗手盆、便器要保持畅通，一旦结冰，解冻时要用热水和蒸汽，严禁用火解冻。

9. 集中供电列车采暖期间“四个一”安全卡控的措施内容

一禁：严禁乱动列车采暖的一切设备、设施。
一检：检查电加热罩上是否有杂物，不要在加热罩四周堆放行包物品。
一勤：勤宣传。向旅客宣传不要往加热罩内塞杂物，不要在加热罩四周放置物品。
一定：定时巡视，每隔 15 min 巡视一次，防止旅客将卧具搭在、盖在加热罩上。

任务二　人身作业安全

1. 为确保人身安全，乘务人员上岗前、工作中必须遵守的规定

上岗前必须充分休息好，严禁班前、班中饮酒；严禁脱岗、串岗、私自替班或换班。

2. 横越线路时应保证安全

横越线路时，必须执行“一站、二看、三通过”制度，并注意机车、车辆动态及脚下有无障碍物等。严禁钻车、跳车和抢越线路，遇天气不良时，更应注意来往的机车、车辆。

3. 沿线路行走时应保证安全

沿线路行走时，严禁走道心、枕木头和侵入限界。严禁扒乘机车、车辆和以车代步。遇到特殊情况必须在线路上行走时，应设专人进行防护。

4. 取送开水应保证安全

取送开水时，水桶（壶）应有相应的防烫、防溢措施，暖水瓶应有放倒圈（架）。倒开水时，应接杯，不倒过满。

5. 列车行李架物品摆放的要求

行李架上的物品应摆放得平稳、牢固，做到大不压小、重不压轻、方不压圆，较重的物品、锐器、杆状物品、玻璃制品等应放在座位下面。

6. 乘务员在上、下车及运行过程中应保证安全

乘务员在上、下车时，要紧握扶手，不飞乘飞降。列车运行中严禁开车门乘凉、探身瞭望及清扫垃圾。

7. 发生旅客人身伤害时收集证人证言的要求

发生旅客人身伤害后，列车长、站长应当及时组织现场查验，全面搜集、梳理相关证据资料，检查旅客所持车票的票种、票号、发到站、车次、有效期及有效身份证件信息等，描绘现场旅客定位图，收集不少于两份同行人或见证人的证言及查验记录、现场照片、录像等其他相关证据，形成比较完整的证据链，能够证明发生的过程和原因，初步明确性质，并妥善保管。

旅客或第三人能够说明事件发生经过或责任的，应当由其出具书面材料，并签字确认。

涉及违法犯罪或者旅客死亡的，由铁路公安机关组织进行现场勘查。

证人应当具有完全民事行为能力。证人证言中应当记录证人的姓名、性别、年龄、地址、联系方式、有效身份证件信息等内容。有医务工作人员参加救治时，应当由其出具参与救治

经过的证言。

证言、证据应当真实，能够反映发生的时间、地点、过程、原因和结果。

8. 旅客伤害属于列车责任

遇下列情形之一的，列车应当承担相关的责任：

（1）车门漏锁致旅客坠车造成人身伤害的。

（2）列车工作人员过错致旅客误下车、背门下车、在不办理乘降的车站（包括区间停车）下车、列车运行中开启车门造成人身伤害的。

（3）列车组织不当或列车工作人员违反作业标准，致旅客乘降时造成人身伤害的。

（4）列车客运工作人员对设备管理不善造成旅客人身伤害的。

（5）列车客运工作人员违章作业、过失造成旅客人身伤害的。

（6）有理由认定属于列车责任的。

任务三　消防安全

1. “三懂三会”的内容

三懂：懂得本岗位的火灾危险性，懂得预防火灾的措施，懂得扑救火灾的方法。

三会：会报警，会使用灭火器，会扑救初起火灾。

2. 为确保客车安全，对配电室、箱使用的规定

配电室内禁止存放物品，门锁必须良好，人离锁闭；可燃物品不得贴靠电采暖装置。

3. 餐车油炸食品的规定

列车运行中，餐车严禁炼油和油炸大量食品，油炸食品时，应使用运行前方第一个灶眼，油量不得超过容器容积的1/3。

4. 餐车油垢清理的要求

应对餐车炉灶台面、墙壁、抽油烟机、排烟罩、烟道、排风扇、车顶外表面和烟筒口、帽的油垢进行清除，保持清洁，并填写记录。

5. 旅客列车发生火灾时应急处置“四十字”的具体内容

（1）立即停车：列车运行中发现火灾威胁行车和旅客人身安全时，应立即停车。电气化区段还应立即通知牵引供电部门停电。

（2）疏散旅客：列车发生火灾时，乘务人员应迅速向列车长报告，组织起火车厢旅客向邻近车厢或地面安全地带疏散，采取措施稳定旅客情绪，同时要防止发生旅客跳车、趁火打

劫等意外事件。

（3）迅速扑救：列车长接到火灾报警后，应立即组织指挥义务消防队，携带灭火器赶到起火车厢，确认火情，迅速扑救。

（4）切断火源：停车后，列车需要分隔时，司机、运转车长、车辆乘务员应迅速将起火车辆与列车分离，切断火源，防止蔓延。

（5）设置防护：对甩下的车辆，由车站值班员（区间由司机、运转车长和车辆乘务员）负责采取防护措施。

（6）报告救援：列车长和乘警应立即向上级机关和行车调度报告事故情况，请求救援。

（7）抢救伤员：在疏散旅客、迅速扑救火灾的同时，如有被火围困或出现受伤的人员应立即抢救。

（8）保护现场：在扑救火灾的同时，乘警应维护好秩序，防止混乱发生，禁止无关人员进入，保护好火灾现场。未经公安机关消防机构同意不得擅自清理火灾现场。

（9）协助查访：乘务人员应协助公安机关调查火灾情况，积极提供线索。

（10）认真取证：乘警应及时开展调查取证，注意发现肇事者并及时控制，妥善保管物证，为现场勘查、认定火灾原因创造有利条件。

6. 手提式水雾灭火器的特点和适用范围

手提式水雾灭火器可扑灭 A 类（可燃固体）、B 类（可燃液体）、C 类（可燃气体）及一般电器火灾，同时具有抗 3.6 万伏电压的特点，保质期 3 年、扑灭电器火灾时，灭火距离不少于 1 m。灭火后处理现场时，必须切断电源。

7. 手提式干粉灭火器的特点和适用范围

ABC 干粉灭火器可扑救固体、液体、气体和带电设备引起的火灾，适用范围广泛。

8. 如何使用灭火器

取下灭火器，拔掉保险销，将喷嘴对准火源根部（带软管的灭火器，要紧握软管喷嘴）压下压把，快速推进，直至将火扑灭。

9. 旅客列车义务消防队的组成的规定

旅客列车应建立志愿消防队，由列车长任队长，乘警长、车辆乘务人员任副队长，下设指挥组、疏散组、灭火组、伤员抢救组、警戒组，根据乘务人员的具体情况，合理分工，明确职责，进行演练。

10. 旅客列车消防台账的主要内容

旅客列车应建立消防安全台账（配备微机的可建立电子台账），由列车长负责填写和管理。旅客列车消防安全台账应包括以下主要内容：

（1）上级有关消防工作的文件（复印件或摘抄件）。

（2）列车编组及乘务人员概况。

（3）列车消防安全领导小组名单。
（4）火灾事故应急预案及人员分工
（5）消防安全会议记录。
（6）乘务人员消防安全培训记录。
（7）乘务人员上岗证登记。
（8）餐车油垢清扫记录。
（9）“三乘”检查记录。
（10）消防器材登记。

11. 列车长的消防岗位职责

（1）负责领导指挥乘务人员落实旅客列车消防安全管理规定，贯彻上级有关消防工作的部署和要求，接受上级的消防检查。
（2）主持召开消防安全小组会议，总结分析、安排布置消防工作。
（3）检查督促乘务人员落实岗位防火责任制，组织乘务人员做好车底停留期间的看守。
（4）组织乘务人员学习消防知识，提高防火灭火技能。
（5）落实“三乘”检查制度，针对检查发现的问题，按职责分工进行整改，做好记录。
（6）采取多种形式向旅客宣传防火、防爆安全知识，做好查堵易燃易爆危险品的工作。
（7）列车发生火灾时。启动火灾事故应急预案，做好旅客疏散组织和扑救工作。
（8）按规定填写消防安全台账。

12. 列车员的消防岗位职责

（1）严格遵守消防安全规章制度，坚守岗位，落实防火措施。
（2）严格执行各项操作规程，正确使用车辆设备，发现故障及时报告。
（3）掌握常见易燃易爆危险品的种类、性质和识别方法，做好查堵工作。
（4）认真巡视，劝阻和制止旅客在车厢内吸烟。
（5）列车发生火灾时，按预案做好应急处置。

13. 行李员（邮政工作人员）的消防岗位职责

（1）严格执行交接和监装监卸制度，防止夹带易燃易爆危险品的货物上车，督促装卸人员按规定堆码货物。
（2）按规定巡视，及时发现货物异常情况，妥善处置。
（3）向押运人员宣传防火注意事项，做好身份登记，收缴火种，制止吸烟、动用明火等违章行为。
（4）行李车（邮政车）发生火灾时，及时报告，正确处置。

14. 餐车人员的消防岗位职责

（1）餐车长负责餐车的防火工作，其他人员做好本岗位的防火工作。
（2）出库前认真检查炉灶、电气设备安全状况及灭火器材是否齐全有效，发现隐患要及时通知有关人员处理。

（3）按规定清除餐车油垢。

（4）严格按操作规程使用炉灶。

（5）严格执行食品加工的安全操作规定，落实值班看守制度。

（6）列车发生火灾时，按预案做好应急处置。

15. 列车乘务组应做好火灾预防工作

（1）对列车始发前检查发现的设备故障。车辆部门应及时处置，消除隐患；对列车运行中发现不能当场处置的，应采取临时措施确保安全，按规定报告并如实记录；危及行车安全的，应立即停车处理。

（2）乘务人员必须经过全面的消防安全培训，人人达到“三懂三会”（即：懂得本岗位的火灾危险性，懂得预防火灾的措施，懂得扑救火灾的方法；会报警，会使用灭火器，会扑救初起火灾），熟记岗位防火职责和火灾事故应急处置基本要求，做到严格考核，持证上岗。保洁人员上岗前也应进行消防安全培训，持证上岗。

（3）操作“两炉一灶”和空调、火灾报警器等设备的乘务人员，应经过专门的消防知识培训，取得合格证后方可上岗。

（4）配电室内禁止存放物品，配电箱、控制箱内及上部不得放置物品，门锁必须良好，人离锁闭；可燃物品不得贴靠电采暖装置。

（5）严禁用水冲刷地板。

（6）餐车配备的电烤箱、微波炉、电磁炉等餐饮炉具使用时，操作人员不得离岗。

（7）客车取暖和蒸饭锅炉、茶炉应配件齐全、状态良好，落实点火试验和交接制度。使用中，乘务人员应按规定检查水位（压）表、水温表、验水阀、水循环状况，做到不漏水、不超温，严禁缺水、干烧。炉灰应先用水浸灭后再处置，炉室内不准堆放杂物，离人加锁。

（8）餐车炉灶、锅炉烟囱防火隔热装置应完好有效，餐车入库应压火。

（9）列车运行中，餐车严禁炼油，使用燃煤炉灶油炸食品和过油时，油量不得超过容器容积的1/3。

（10）应定期对餐车炉灶台面、墙壁、抽油烟机、排烟罩、烟道、排风扇、车顶外表面和烟筒口、帽的油垢进行清除，保持清洁，并填写记录。

（11）循环水泵箱、检查孔、观察孔、煤厢、取暖器防护罩内部应保持清洁无杂物；停用的炉室应彻底清除可燃物，加固锁闭。

（12）邮政车、行李车货仓应留有安全通道，宽度不小于 0.5 m，不得堵塞端门、边门，货物堆码不得超高。邮政车、行李车严禁使用明火或电炉烧水做饭，未经铁路总公司车辆主管部门批准严禁擅自增设使用各种电器。

（13）乘务室、配电室、餐车储藏室、广播室、检车工具间、宿营车、行李车、邮政车、发电车禁止烟火。

不吸烟车厢应有禁止吸烟的标志，乘务人员要对在车厢内吸烟的旅客进行劝阻，提醒旅客不得乱扔烟头火种；吸烟处应有明显标志和安全注意事项告知揭示，并配备烟灰盒，地板和壁板应保持完好，无孔洞和缝隙。列车应通过图形标志、电子显示、广播宣传等多种方式，向旅客进行禁止吸烟、严禁携带易燃易爆危险品、逃生知识和灭火器、紧急破窗锤使用方法等消防安全宣传。

（14）列车上的通道必须保持畅通，不得堵塞车门。

16. 客车灭火器配置的规定

（1）客车车厢（双层客车每层）配备 2 kg ABC 干粉灭火器和 2 L 水型灭火器各两具；灭火器应设置在车厢两端适当位置（每端各两具）。

（2）行李车、邮政车、餐车各配备 4 具 4 L 水型灭火器，行李车配备 35 L 推车式水型灭火器 1 具；行李车、邮政车的灭火器应设置在工作间，餐车的灭火器应设置在餐厅。

（3）客车配备的灭火器应适应环境温度，适于扑救 A 类（固体）、B 类（液体）、C 类（气体）和 E 类（带电）火灾；挂具应采用套筒结构，安装牢固、便于取用，底部离地面一般不超过 1 400 mm。

（4）干粉灭火器的维修期限为 1 年，水型灭火器的为 3 年。

（5）做好灭火器日常维护保养和管理，保证其处于良好状态。灭火器上不得搭挂物品，严禁挪作他用。

任务四　安全应急处理

1. 中途临时停车的处理办法

（1）各岗位人员坚守岗位，注意瞭望，不得擅自下车，开车后四门检查瞭望，防止抓车。

（2）列车长要及时判明情况，正确处理。

2. 遇有列车严重超员，旅客上不来车的处理办法

（1）承运人部门要大力进行安全教育宣传，要积极组织旅客安全乘降，并要设安全门。

（2）列车长应主动与车站客运值班员取得联系，组织乘务员与车站工作人员紧密配合。

（3）指定专人盯岗，注意旅客的乘降情况，照顾流动人员和重点旅客上车，发现危及行车和人身安全的情况时要采取果断措施。

3. 列车火灾爆炸时应急处理的原则

迅速扑救、防止蔓延，尽最大努力、最大限度地避免或减少人员伤亡、财产损失，尽快恢复列车运行。

4. 发现有人抓车的处理办法

立即停车，将抓车人请上车，如开门困难，可按规定使用紧急制动阀进行停车处理。

5. 餐车发生火情时的处理办法

（1）餐车发生火情时，应立即判明火情的类别、部位、程度，及时采取正确的措施，确有必要时立即使用紧急制动阀停车。

（2）炉灶初起火情，立即使用灭火毯，封盖起火点；电器、冰箱短路起火，立即关闭电源，用灭火器灭火。餐厅内发生初起火情，立即疏散旅客，用灭火器进行灭火。如烟囱、烟罩棚、排烟道发生火情，应立即使用灭火器扑救。

6. 油锅着火时的处理办法

用灭火毯盖住油锅、用锅盖盖住油锅或将切好的菜迅速放入锅内。

7. 列车严重超员和车门风挡处人多拥挤时的处理办法

要加强宣传，讲清危害，防止旅客挤手、夹脚，对老、幼、病、残、孕等重点旅客要千方百计地将其疏导到车厢内，适当安置。在疏导时乘务员要深入车厢积极开展工作，使旅客携带的物品做到不堵门、不堵通道、不堵风挡连接处，在特殊情况下，两侧各有一个能开关的门口，确保顺利乘降。

8. 发生旅客食物中毒时的处理办法

发生三人以上的食物中毒时，应首先稳定旅客情绪，及时将病人送当地有救治能力的医院进行抢救。同时封存可疑食物、呕吐物样品，停止销售可疑食物，追回售出的可疑食物，调查发病原因及其餐饮食物，收集不少于两份的发病人、同行人、证明人以及有关工作人员证明材料，等待卫生监督人员到现场查验。

9. 发现有人坠车时的处理办法

列车发现旅客在区间坠车时应当立即停车，列车长应当到场查看旅客的受伤情况，组织救护，稳定人员情绪，维护现场秩序，并通知就近车站或将受伤旅客移交就近车站。需要防护时，按有关规定进行处理。

不具备停车条件或者迟延发现的，列车长应当报告运行所在铁路局客运调度，客运调度员接到报告后立即通知值班主任，值班主任通知相关列车调度员和铁路公安局指挥中心，由列车调度员和铁路公安局指挥中心分别通知邻近车站及车站铁路公安派出所派人寻找。列车运行至前方停车站时，列车长应拍发电报，向发生地和列车担当铁路局主管部门报告。

10. 旅客在列车上分娩时的处理办法

旅客在列车上分娩时，应及时汇报列车长，列车长应会同乘警立即赶到现场了解情况，通过广播找医生救治，并尽可能地提供场所，为旅客创造好的条件。同时通过有效的联系方式告知列车调度员，做好救护准备，列车长要做好相关材料及物品的移交准备，编制客运记录交旅客下车站或最近的有医疗条件的停车站。

11. 接到区间线路上发现坠车旅客通报时的处理办法

有关列车接到通报后，应当立即调查情况，收集包括证人证言在内的证据材料和旅客携带品并于三天内向事故处理站移交。

12. 旅客发生急病时的处理办法

（1）旅客在列车上发生急病时，要立即设法组织治疗、抢救（广播找医生，发动旅客提供药品等），但要注意治疗的方式方法，不恰当的救治会加重病情。旅客病情较重或找不到医生时，列车长要及时编制客运记录，将患病旅客送交有医院的市、县所在地车站或在较大车站转送医院治疗；

（2）列车上一般没有仪器或人员能够判明旅客病情或死亡，列车移交时一般不作结果的判断。结论由医院或医生下达，并有材料或证明；

（3）旅客病重或昏迷不醒，一定要收集旅客对列车救治的旁证材料，取证要有公安人员参加。

13. 旅客列车的晚点通报的规定

（1）列车长接到晚点通报后，要及时向旅客公告列车晚点信息、晚点原因、晚点时间，并积极组织列车乘务人员做好安抚旅客和宣传解释的工作，积极主动做好服务，关注老幼病残孕等重点旅客，及时了解旅客接续列车换乘、改签、退票需求，及时向客调汇报。

（2）23:00 以后到达的晚点列车，列车长接到客调有关车站接驳信息后，及时通过广播等形式告知车内旅客。

（3）列车长与客运调度之间晚点信息通报和突发情况有关事项的联系，普速客调台电话号码为 24814，高铁客调台电话号码为 20000。

14. 电气化厨房设备故障的应急预案

（1）发生电器设备、线路故障时，应立即通知检车人员处理，严禁擅自拆卸和打开设备。

（2）发现电器设备、线路有短路、冒烟或起火时应立即切断总电源，并使用灭火器或其他措施进行扑救。使用水雾灭火器灭火时，可在不断电的情况下进行扑救，但灭火距离不少于 1 m，灭火后在处理现场时必须切断总电源。严禁在不断电的情况下用水扑救。

（3）如油锅着火时应立即切断总电源，不得用水扑救，应使用湿棉被或湿麻袋片捂盖灭火。

（4）发生人身触电事故后，应立即使用绝缘材料切断电源，不得在不断电的情况下身体接触救援。

15. 空调客车电气设备冒烟时的处理办法

（1）当配电室发生冒烟后，应立即将控制屏的电源选择开关打到零位，并通知空调乘务员处理。

（2）当分线室发生冒烟后，应立即通知空调乘务员转告发电车断电（分线室无电源开关）。

（3）当照明装置冒烟时，应立即将照明开关打到断位（258 双层客车应将配电柜电源选择开关打到零位），并通知车辆乘务员处理。

（4）当采暖装置发生冒烟时，应将配电室的电源选择开关打至零位（258双层客车在乘务室）。

16. 遇旅客列车晚点时，列车长应该做好的工作

（1）因终到晚点旅客在列车上不下车时，列车长应当立即通知车站客运值班员，客运值班员要立即通知公安部门和车站领导，车站领导及所属公安段、派出所领导应及时到场协调解决。

（2）中途停留列车列车长要及时与客运调度员和列车停留站联系，报告车内情况和请求协助解决的问题，组织乘务员积极主动做好服务。

（3）中途停留列车的列车长应及时向客调了解列车晚点原因等情况，报告车内情况，包括车内旅客人数、旅客情绪、有无重点旅客，需处理的重要、紧急事项，需调度协助解决上水、上煤、上餐料、吸污等问题。

（4）乘警应与列车长密切配合，加强车内巡视，维护好车内治安秩序。

（5）在列车上逢用餐时间的，根据时间由中途或到达局客调安排车站向列车提供食品，列车免费向旅客供餐。

17. 列车晚点通告用语

（1）自然灾害（降雨、降雪、大雾、雾霾、大风、山体滑坡、泥石流……）造成列车晚点时。

旅客们：

我是××次列车列车长，本次列车受××（降雨、降雪、大雾、雾霾、大风、山体滑坡、泥石流……）影响（需要降速时还需播报：为确保旅行安全，本次列车需降速运行），现在大约晚点××小时××分。请您谅解。

（2）铁路原因（事故影响、设备故障等）造成列车晚点时。

旅客们：

我是××次列车列车长，本次列车因××原因晚点，现在大约晚点××小时××分。因列车晚点给您造成的不便，向您表示诚挚的歉意。

向旅客通报时，站车广播每次间隔时间不超过30 min.

列车工作人员必须清楚旅客列车晚点情况，遇旅客询问时，应耐心细致地解答，落实首问首诉负责制有关要求，不得使用“不知道”“没点儿”等不负责任的言语或有不耐烦的表现。

项目四　路风监察

任务一　路风基础知识

1. 路风

路风系指铁路企业的性质、宗旨和经营方向在企业经营活动和从业人员职业行为中的综合表现。

2. 路风问题

路风问题系指企业违反相关规定利用运输资源等谋取不当利益，从业人员凭借职务、工作便利条件营私谋利或违背职业道德，服务质量低劣，给旅客货主造成经济损失或精神、身体伤害，给企业形象、声誉造成不良影响的行为。

3. 路风问题主要包括的内容

路风问题主要包括以车谋私、以票谋私、乱收费乱加价、勒卡索要、粗暴待客、违规经营、违规贩运等七类内容。

4. 路风问题的等级

路风问题分为重大路风事件、严重路风事件、一般路风事件和路风不良反映。

5. 以车谋私

指凭借职权或通过关系，以车皮、集装箱等运输资源谋取个人或小团体私利的行为。

（1）在客户注册、需求受理、货源核实、运输计划编制及调整、配车配箱、安排货位、安排装车、装卸作业、变更装卸地点、变更到站、取送车作业、接取送达等运输环节中谋取私利。

（2）利用工作便利、职务影响代办运输，违反规定配置运力或违规干预运力配置，从中谋取私利。

（3）违反运输纪律，通过无票，换票运输，伪报品名，少计重量，伪造、篡改票证报表等手段谋取私利。

（4）在办理运价下浮、与客户议价等货运营销业务中谋取私利。

（5）在办理专用线共用、营业办理限制等业务中谋取私利。

（6）在办理行包运输等业务中谋取私利。

（7）以车皮、集装箱等运输资源谋取私利的其他行为。

6. 以票谋私

指凭借职务或工作之便，利用车票谋取个人或小团体私利的行为。

（1）利用旅客列车开行，票额分配，代售点审批、管理，团体票办理等铁路客票业务谋取私利。

（2）违反售票纪律，利用售票、改签、退票等谋取私利。

（3）内外勾结倒卖车票或为倒卖车票提供便利。

（4）为旅客代办车票收取好处费，或收钱不补票、收长途钱补短途票，为旅行团体代办车票、违规贩运等提供方便，获取不当利益。

（5）私带无票人员和货物，违规安排越席及其他不符合乘车条件人员乘车。

（6）接送无票人员进出站、上下车，装运超过车票记重量、件数的行包货物。

（7）利用车票资源谋取私利的其他行为。

7. 乱收费乱加价

指违反国家有关部门及铁路总公司规定的客货运输相关收费项目和标准，收取或变相收取不合理费用的行为。

（1）在客货运输中不按国家有关部门及铁路总公司统一公布的收费项目、收费条件和收费标准收取费用。

（2）营业窗口代收规定费用以外的其他费用。

（3）运输业单位通过专用线产权单位或第三方单位进行价外收费或从专用线产权单位或第三方单位价外收费中分成。

（4）其他违规收取或变相收取不合理费用的行为。

8. 勒卡索要

指在客货运输服务过程中凭借职务或工作便利，采取刁难、要挟或威胁等手段，敲诈勒索旅客货主的行为。

9. 粗暴待客

指在客货服务过程中违背职业道德和基本服务规范，侵害旅客货主人身、财产权利，给企业形象、声誉造成不良影响的行为。

（1）对旅客货主生冷硬顶，言语污秽，行为粗鲁。

（2）有意设置障碍，刁难旅客货主。

（3）殴打旅客货主。

（4）侵害旅客货主人身、财产权利的其他行为。

10. 违规经营

指在经营活动中违反相关规定，违背合同约定或旅客货主意愿，采取强制、误导、诱导、搭售等手段侵害旅客货主利益的行为。

（1）不按规定公示收费依据、标准，指定或禁止客户选择服务项目，不按规定签订合同，只收费不服务、多收费少服务，收费后不提供合法票据。

（2）违规利用车皮、集装箱、车票等资源开展经营活动。

（3）强制客户接受指定第三方提供的产品或服务。

（4）站车强卖、强制搭售商品，出售假冒伪劣商品。

（5）列车开办茶座、夜宵等不按标准提供的服务，变相卖座。

（6）以提前进站、提供车票等手段误导、诱导旅客消费。

（7）在代办转乘车车船、住宿、旅游等业务中违背承诺，欺诈旅客。

（8）经营活动中其他侵害旅客货主利益的行为。

11. 违规贩运

指凭借职务或工作便利，利用列车携带禁运、限运物品或违规办理禁运、限运物品运输的行为。

12. 路局“五严禁”纪律和“五必须”

（1）路局“五严禁”纪律。

① 严禁以车、以票谋私，私带无票人员乘车；

② 严禁乱加价、乱收费；

③ 严禁工作人员擅离职守以及非工作人员在乘务室、工作间等处逗留；

④ 严禁利用站车设施及职务之便贩运商品、搞非法速递；

⑤ 严禁粗暴待客和侵犯旅客货主人身权利的行为。

（2）“五必须”规定。

① 不论任何人乘车必须有凭证或经站车允许按章及时办理乘车凭证，站车按规定验票后，发现无票人员，按私带无票人员进行认定和处理；

② 所有工作人员必须文明待客，做到打不还手，骂不还口；

③ 所有收费必须依法按章明码标价，坚持旅客、货主自愿，提供相应服务；

④ 实行首问、首诉负责制，所有站车必须在明显位置设置旅客、货主投诉点，有人受理，及时妥善处置，把问题解决在站车、现场，杜绝不良反映；

⑤ 必须严格执行列车长、乘警长、检车长等工作人员巡视制度，列车工作人员须服从列车的统一领导。

13. 旅客列车工作人员的职业责任

保证旅客乘降秩序和旅行安全，保持车厢内的卫生整洁。

14. 旅客列车工作人员的职业道德

旅客至上，态度和蔼，服务主动，解答问询时耐心准确，欢迎旅客批评监督。

15. 旅客列车工作人员的职业纪律

按规定着装，佩戴标志，不刁难怠慢旅客，不索要旅客财物，不搞“捎、买、带”。

任务二　路风易发问题及处罚标准

1. 客车路风易发问题

（1）列车超员、客流集中组织旅客乘车时，易出现急躁、语言粗野、大嗓门、用语不当、行为过激，从而接到旅客反映。

（2）锅炉补水不及时，影响旅客使用。

（3）查验车票时，易犯态度问题。对旅客问询解释不耐烦、言语不清、敷衍搪塞。对旅客多次问询欠耐心，解答问题欠周到。

（4）运行中将厕所晚开或不开，大站前锁闭厕所未向旅客宣传提示，易出现旅客不良反映。

（5）在人多超员情况下简化作业。

（6）丢失、损失备品不及时补办，影响旅客正常使用。终到前提前收取卧具，容易造成旅客不满。

（7）列车始发，发电车发电晚，容易发生茶炉水烧不开而收到旅客反映。

（8）长时间待避，乘务人员解释不当。

（9）空调故障，未及时排除，影响使用，收到旅客反映。

（10）补卧铺不登记，易收到反映。补卧铺人多时，乘务员在维持秩序方面态度不够缓和。在满员情况下，对补票的旅客解释简单。内部人员使用卧铺时，未经列车长允许先安置后补票。

（11）违反规定为旅客代办、代买车票，收受旅客好处费或物品。

（12）对无卧铺票的探视旅客的同行人，不能按规定劝阻其离开卧车。

（13）在人多超员情况下，邮政车和发电车人员易发生在工作间安排旅客的问题。

（14）乘务室、工作间滞留非工作人员。

（15）列车长未落实补卧回访制度。

（16）供餐时使用服务用语欠规范，违反餐车全天侯供应规定，全程供应质次价高。售货、售饭不明码标价，未带价目表或价目表悬挂位置不明显，强买强卖、搭售商品、断水卖饮料，不找零钱。

（17）利用职务之便，非法捎带、速递物品、信件或提供运输方便。

（18）私带无票人员、私自安排旅客越席乘车。以票、以铺向旅客索要好处。坐长补短（长途旅客补短途票）、补票不找零钱、溢收不上缴。

（19）粗爆待客、刁难旅客、与旅客争吵打架，造成不良反映。

（20）发生值乘饮酒、下棋、打扑克、赌博，当班睡觉或串岗聊天，擅离职守等问题。

2. 客车路风易发问题的重点部位

宿营车、卧铺车、办公席、乘务室、餐车、发电车工作间、行李车、邮政车。

《中国铁路总公司路风监察办法》的处罚标准

1.《中国铁路总公司路风监察办法》的处罚标准（见表 4-1）

表 4-1　《中国铁路总公司路风监察办法》处罚标准

序号	类别	问题	定性	处罚
1	以车谋私	5000 元以上	重大路风事件	记大过、开除
		2 000 元以上不足 5 000 元	严重路风事件	记过、留用察看
		1 000 元以上不足 2 000 元	一般路风事件	警告、撤职
2	以票谋私 私带无票	3 000 元以上	重大路风事件	记大过、开除
		1 500 元～3 000 元	严重路风事件	记过、留用察看
		500 元～1500 元	一般路风事件	警告、撤职
3	乱收费	50 万元以上（货）、10 万元以上（客）	重大路风事件	记大过、开除
		20 万元、50 万元（货）、 5 万元～10 万元（客）	严重路风事件	记过、留用察看
		5 万元～20 万元（货）、 3 万元～5 万元（客）	一般路风事件	警告、撤职
4	勒卡索要	敲诈勒索旅客货主 2 000 元以上	重大路风事件	记大过、开除
		敲诈勒索旅客货主不足 2 000 元	严重路风事件	记过、留用察看
		敲诈勒索情节轻微	一般路风事件	警告、撤职
5	粗暴待客	殴打旅客货主造成重伤、死亡，或侵害旅客货主人身、财产权利情节特别严重	重大路风事件	记大过、开除
		殴打旅客货主造成轻伤，或侵害旅客货主人身、财产权利情节严重	严重路风事件	记过、留用察看
		殴打旅客货主，或侵害旅客货主人身、财产权利情节较重	一般路风事件	警告、撤职
6	违规经营	违规经营造成特别恶劣的影响	重大路风事件	记大过、开除
		违规经营造成恶劣的影响	严重路风事件	记过、留用察看
		违规经营造成很坏影响	一般路风事件	警告、撤职
7	违规贩运	香烟 200 条以上，或贩运其他禁运、限运物品情节特别严重	重大路风事件	记大过、开除
		香烟 100 条以上不足 200 条，或贩运其他禁运，限运物品情节严重	严重路风事件	记过、留用察看
		香烟 50 条以上不足 100 条，或贩运其他禁运、限运物品情节较重	一般路风事件	警告、撤职

注：未构成路风事件的路风问题，定为路风不良反映，给予集体行为决策者或直接责任者相应的组织处理，可同时给予经济考核、警告处分。对乱收费、乱加价的责任单位，在收缴其违规所得的同时，可按乱收费、乱加价数额给予1～2倍的罚款。处罚，可同时给予相应的组织处理、经济考核。

2. 对路风问题管理责任人的责任追究

（1）发生一般路风事件，视具体情节给予站段相关管理人员组织处理、经济考核或纪律处分。

（2）发生严重路风事件或同一基层单位一年内发生两起以上一般路风事件，给予站段分管负责人及相关人员警告至撤职的处分，追究铁路局负有管理责任部门的分管负责人、站段主要负责人及相关人员管理责任。

（3）发生重大路风事件或同一基层单位一年内发生两起以上严重路风事件，给予铁路局负有管理责任部门的分管负责人、站段主要负责人及相关人员警告至撤职的处分，追究铁路局分管负责人及相关人员管理责任，情节特别严重或造成恶劣影响的，同时追究铁路局主要负责人管理责任。

其他单位发生路风问题，应按上述标准追究对应管理岗位人员管理责任。

3. 责任人员有以下情形的，从轻或减轻责任追究

（1）主动承认错误、交代问题或自查自纠的。

（2）主动退回违纪违规所得的。

（3）主动挽回损失、影响或有效阻止不良后果发生的。

（4）主动检举他人问题，对路风问题调查起到积极作用的。

4. 责任人员有以下情形的，从重或加重责任追究

（1）拒不配合调查或伪造、藏匿、销毁证据的。

（2）隐情不报，压而不查，查而不处的。

（3）个人一年内发生两次以上路风问题的。

（4）唆使、纵容下属人员发生路风问题的。

（5）阻挠路风监察人员执行公务或打击报复检查人员、举报人的。

5. 在一次检查或调查中，查出不同单位人员发生同类路风问题的，

在一次检查或调查中，查出不同单位人员发生同类路风问题的，合并认定路风问题等级，视具体情节分别追究责任。

6. 列车长时间长距离存在无票或越席人员，不能确定私带责任人的

旅客列车长时间长距离存在无票或越席人员，不能确定私带责任人的，按无票或越席人员所在列车部位，追究列车长及相应乘务人员的管理责任。属他人授意的，应同时追究授意人主要责任及列车长和相应乘务人员的连带责任。

项目五　安全路风关键项点

任务一　安全关键卡控项点

1. 门管理

（1）车门漏锁：列车运行中车门开启，餐车走廊边门、后厨边门、客车厢首部前端门、尾部后端未加锁。

（2）列车到站前或开车后，乘务员存在早开门、晚关门的现象。

（3）列车到站乘务员不按规定立岗，晚出场、早入场。

（4）列车到站乘务员不开车门，少开车门，乘降组织不打翻板的，守口远离车门的。

（5）列车开车后未能落实车门自检互检制度。

（6）列车车门翻板压脚不使用的。

（7）乘务室离人未加锁。

（8）广播室离人未加锁或开机离人、离人未关闭电源、未锁闭车窗。

（9）中途临时停车（包括技术停车）乘务员不看守车门。开车后不进行四门检查瞭望的。或在临停时开启车门，导致旅客上下车的。

（10）列车到站，乘务员开背面车门的。

（11）站停卧车端门未加锁。

（12）锅炉（茶炉）室门未及时加锁。

（13）车厢内未执行“三早三无一畅通”（即早宣传、早组织、早出场；风挡处及通过台无重点旅客、长途旅客、大件物品；保持通道畅通）制度。

（14）列车终到或停留看守作业，未按规定关、锁闭车门。

（15）厕所未按规定锁闭的。

2. 管理主要包括的内容

（1）专运任务不关闭（空调车锁闭）车窗。

（2）列车运行中，绿皮车车窗开启超过规定高度（不超过 15 cm）。

（3）与动车组列车交会的区段未关闭运行右侧车窗（空调车未锁闭车窗）。

（4）车窗部位未加贴“禁止向外抛扔物品”的警示标识。

（5）列车广播未按规定进行禁抛杂物的宣传。

3. 管理主要包括的内容

（1）方向牌未按规定粘贴或者破损未及时更换的。

（2）外顺号未按要求粘贴的。

（3）列车开车未摘安全警示带的。

（4）紧急制动阀没有安全提示标识的。

（5）各种安全标识、揭示有欠缺的。

4. 栏管理主要包括的内容

（1）防护栏有缺失、脱落、松动、失去防护作用的。

（2）防护栏未按规定加锁、加固的。

5. 管理主要包括的内容

（1）列车消防台账未按规定填写或内容不全的。

（2）列车长未按要求进行防火巡查或未在巡查记录上签字的。

（3）列车长未落实对列车阴暗部位防火检查的。

（4）列车阴暗部位（如清洁柜、旧式内嵌垃圾桶等）未按规定及时加锁、加封的。

（5）乘务人员消防应知应会不熟悉，达不到“三懂三会”的；不会使用灭火器、紧急制动阀、不懂火灾爆炸“40字”应急方案及本岗位防火职责的。

（6）列车广播计划中无消防安全宣传内容，未按规定进行车内禁烟宣传的。

（7）未按规定配备安全锤或安全锤数量不全、损坏、未及时悬挂的。

（8）灭火器、电茶炉、制动阀上挂、放物品的。

（9）餐车灶棚、灶台、排烟扇油垢未按规定清理干净的，油垢清扫记录未按规定签字的。

（10）餐车夜间未按规定安排值班人员的。

（11）餐车运行中违规油炸食品的，用盐、油等物品助燃，取明火点火的。

（12）餐车炖肉煲汤未使用运行方向第一个灶眼的。

（13）餐车灭火毯缺损、未在规定位置放置、取用不便、无明显标志的。

（14）使用电磁炉的餐车未检查电源控制开关作用、用后未关闭电源的；炒勺、空锅停用时，放置灶眼上定型，灶眼上覆盖其他物品的。

（15）取暖锅炉、烧煤茶炉填煤过满。

（16）冬季独暖室内未备半桶水；独暖室内放置可燃物品的。

（17）独暖锅炉、茶炉使用中取明火点火；用盐、油等物品助燃的。

（18）独暖锅炉、茶炉缺水，三角水箱缺水的。

（19）炉灰未用水完全浸灭后处理的。

（20）独暖室、煤厢在灭火期间未清理干净，未及时加封的。

（21）乘务人员擅自操作车辆配属电器的。

（22）在列车非指定部位给电子产品充电的。

（23）车顶通风窗、电暖气缝内有杂物或在取暖期电暖气周围堆放行包物品。

（24）用水冲刷车厢地面及风挡连接处。

（25）工作人员在禁烟场所吸烟的。

（26）在禁止吸烟的车厢乘务员宣传或劝阻不力，有旅客吸烟现象或车厢地面存在烟蒂。

（27）乘务室、广播室、行李车、宿营车、餐车储藏室有烟蒂的。
（28）车厢风挡处烟缸过满未及时清理，造成风挡处有大量烟灰的。
（29）行李车、邮政车、发电车、广播室内有闲杂人员的。
（30）行李车、邮政车货仓内无禁火标志的。
（31）行李员未对押运人员进行登记、收缴火种、防火宣传的。
（32）行李车货物码放未留疏散通道（0.5 m）。

6. 危险品管理主要包括的内容

（1）列车始发、中途、重点区段班组未组织进行列车“查危”工作，导致危险品漏查的。
（2）乘务员未对车队明确的列车阴暗部位进行重点检查。
（3）乘务员发现危险品私自处理，列车长未组织乘警按规定妥善处理的。
（4）列车广播未按规定宣传严禁把危险品带上列车的。
（5）锅炉严重缺水，列车长未组织检车人员立即灭火，违章强行注冷水的。
（6）列车员添煤时，没认真检查煤中是否有异物（爆炸品）及用加水的煤面压火，造成事故的。

7. 食品安全管理主要包括的内容

（1）无有效餐饮服务许可证。
（2）工作人员未携带健康证上岗。
（3）冷冻、冷藏设备不能正常使用。
（4）未从单位规定的上料点上料，私自上料。
（5）食品未按规定的保存条件进行保存。
（6）盒饭成品超过 2 h 后再次出售的。
（7）加工、出售腐败、变质、过期食品。制作凉菜、拼盘。
（8）预包装食品外包装标识未注明生产厂家、生产日期、保质期、成分、贮存条件、生产许可证编号等内容的。
（9）食品用容器、冰箱、工具、用具无生熟标记、混用、混放。
（10）生熟食品未分开存放。
（11）熟容器、餐饮具未清洗消毒。
（12）重复使用一次性餐饮具。
（13）病媒生物密度超过标准要求。
（14）闲杂人员私自进入餐车后台。
（15）茶炉注水口、旅客饮水桶未加封、加锁。

8. 安全管理主要包括

（1）列车“三乘”检查存在重要漏项，代检代签。
（2）未执行翻板卡簧入槽，高站台未按规定使用安全渡板、警示带。
（3）乘务员守口不认真，车门口宣传组织不力，未扶老携幼造成旅客意外伤害的。

（4）除动车组以外，穿高跟鞋和长大衣作业。

（5）未按规定进行行李架整理作业，行李架上有尖角铁器的。

（6）未按规定进行行李架整理作业，行李架上物品存在坠落隐患的。

（7）始发和中途大站开车后，未及时向旅客宣传人身安全常识的。

（8）厕所、乘务室、车厢端门等部位未加贴“防挤手”警示标识，未执行安全宣传及“轻关门回头看”制度。

（9）取送开水服务时未执行“三不倒”制度。

（10）通过台、连接处、乘降梯等重要部位，未及时清理积雪、水、煤。

（11）乘务员出退乘，保洁人员上下岗未集体排队。未按规定线路行走，过平交道口未执行“一停二看三指四通过”制度，行走过程中未设专人防护。

（12）库内看车乘务员横越线路时，严禁翻越护栏，钻爬车底，跨越车钩。

（13）电气化区段违章登高作业。

（14）停留车底包括外口库内严禁在停留车底下乘凉、避风、雨、雪。

（15）高架线路作业时，未从规定车门或高架梯上下车。

（16）车底进出库，转线时，车门敞开运行。

（17）车底进出库，遇临时停车上下。

（18）非空调列车未按规定的对硬质包装物品进行记录、收取的。

（19）作业进行中乘务员未落实安全作业制度，存在危及自身及旅客人身安全隐患的。

任务二　路风关键卡控项点

1. 乘务人员值乘时的路风问题

（1）值乘中饮酒、打牌、下棋或做与工作无关的事情。

（2）当班打盹、睡觉、串岗、离岗。

（3）乘务室坐着异性旅客或有闲杂人员（重点旅客除外）。

（4）收取好处费，有长坐短补、无票、越席乘车、接送无票人员进出站、上下车，装运超过票记重量、件数的行包货物等行为。

（5）野蛮、粗暴待客。

（6）私带违禁品，超量捎买带，参与非法速递。

（7）值班员、售货员、餐车长在工作中不找零钱。

（8）旅客用餐或购买商品后不提供发票。

（9）餐车供应夜宵时未执行有关规定。

（10）售饭、售货未明码标价，私自提价。

（11）超时间售货、叫卖，干扰旅客。

（12）私自上货。

（13）利用补卧收受好处费，或搭售商品。

（14）工作人员服务态度生、冷、硬，有打骂旅客的现象。

（15）列车“三乘”人员在运行中占用包房、铺位、座席的。

2. 车容方面的路风问题

（1）列车车容卫生环境差。

（2）运行中列车员有意锁闭一位厕所。

（3）车厢内无服务质量监督电话揭示的。

（4）办公席无服务质量监督电话牌的。

（5）宿营车无铺位定位图的。

（6）班组无卧铺探视卡及登记簿的。

参考文献

[1] 韩买良. 铁路行车安全管理[M]. 北京：中国铁道出版社，2008.

[2] 宾任祥. 铁路运输安全管理概论[M]. 成都：西南交通大学出版社，2002.

[3] 铁道部安全监察司. 2003 年铁路行车事故案例选编[M]. 北京：中国铁道出版社，2004.

[4] 贾俊芳. 高速铁路客运服务[M]. 北京：中国铁道出版社，2012 年.

[5] 张宝生，汪燕. 城市轨道交通概论（运营管理分册）[M]. 北京：机械工业出版社，2014.